MW01489046

errática
Víctor Rodríguez Núñez
©Editorial Efímera

Director de Editorial Efímera: Salvador Madrid
Editor en jefe: Néstor Ulloa
Producción: Ethel Ayala

Diseño de la colección: Valeria Cobos
Diagramación: Armando Maldonado
Fotografía del autor: Daniel Mordzinski

ISBN: 9798319333483
Printed in USA

Este libro se terminó de editar
en el mes de abril de 2025
en Gracias, Lempira, Ciudad de Los Confines.

Made in the USA
Monee, IL
02 May 2025

8e7a0500-17c2-4245-a70d-746bc53b3105R01

errática

errática

VÍCTOR RODRÍGUEZ NÚÑEZ

EDITORIAL
EFÍMERA

Colección de poesía **Il Miglior Fabbro**

yendo en romería   caeci en un prado
GONZALO DE BERCEO

a buscar voy los despojos
de mi fe
ANÓNIMO

y a ti nada te colma
YEHUDÁ HA-LEVÍ

que con venir de mí mismo
no puedo venir más lejos
LOPE DE VEGA

bem diram que mais ouv'hy
JOHAM AYRAS DE SANTIAGO

holyhead

para Huw Jones

entre la muerte y tú
                       el potro desbocado
que jadea su estrella en la corriente
a unos pasos de aquí se empiedra el mar

a manos de la luna
unos diques con lana en las rendijas
una hierba feroz
un castillo que no defiende nada

con suerte ese potro sería rucio
aguardiente el sudor
la estrella flotaría en el vislumbre

las cosas nunca están en su lugar
se sueltan se encabritan
tienes que galopar ciertas distancias

timavo

este río con roña
                        en fuga de sí mismo
que apenas fluye en la cartografía
el mar no es su destino

                        resurge de la sal
como sueño del revoltoso adriático
signo que endulza el sol
plateadas espinas

                        donde clavar los ojos
el reflejo cruzado por la lágrima
el susto la intuición

                        su resaca en la lengua
no te perdiste al cabo
en la perplejidad estás aquí

masatepe

para Marusa Krese

saco a bailar a la poeta muerta
con su carne precisa
                        su resignado olor
no quiero molestarla solo salir del paso

ante la impertinencia de un alcalde
con su diploma a máquina
su rollo de pintura primitiva
extáticos los músicos

la desentierran solo para poder tocar
mientras le guiña un ojo el indio viejo
que se pasma a pesar de la calor

tan breve como su estro
un cáncer sin banda municipal
acaba con la vida de la muerta

central point

no hay nada en central point
                              todo es el viaje
la lírica autopista que conduce
del páramo al desierto

lo raro en central point no son las reses
bramando desde el oro
sino que allí se ofrece la épica costilla
como el amor ahumada

también en central point con aire vil
se descifra la cumbre
intachable que se da en california

por eso de central point una tarde has partido
a ochenta y cinco lágrimas por hora
y la franela roja desteñida

santiago de compostela

en medio del vacío está la fe
en santiago de compostela no llueve nunca
en medio de la fe con mar de fondo
una barca de piedra no zozobra

el físico mayor rima las cifras
sobre la arena ardiente de otra playa
línea de flotación donde se quiebra
la espuma sin destino

en santiago de compostela todas las fuentes
se encienden con surtidores de sal
en medio de la fe un ataúd

los huesos aplomados del vacío
y un terceto en gallego
para que nada se atreva a dudar

ilkle

los romanos tomaron este cerro
que tú subes en paz
solo una escaramuza con la niebla
un clavel abatido

se hace fuerte el otoño
en su feroz revuelta contra el verde
la nieve es un metal
que puede florecer en el crepúsculo

inmensidad rugosa
reflujo de quietud inalcanzable
aunque no quede constancia de nada

solo un bajorrelieve enmohecido
algo que el espacio vigila y tú
no te niegas a ver

struga

para Nikola Madzirov

el sol se desprende de la montaña
a pulso cobra altura
                    de nuevo nada nuevo
en esta irrealidad

salvo plantar un sauce
en el parque de los viejos poetas
al temerario sol
                    la azorada montaña

si no fuera que todo fue soñado
material y dialéctico
cada postura en firme como elipsis

alzándose del lago su azabache profundo
el sol cortado a pico
la montaña justo en el punto ciego

caernarfon

las ovejas pastan entre navíos
olvidados de raíz por el mar
las gaviotas picotean la tos
de quien busca la noche entre los frascos

el galés adoquín después de un torbellino
el castillo como vieja edición
de la nueva enciclopedia británica
y la calle desagua en el soneto

vivero de moluscos desterrados
río de arena negra
fin de nada que ocupe su lugar

morosa luz del norte
siempre al tanto de todo lo que calla
los pájaros sin noche no dejan de rimar

montparnasse

libreta de viajero
con su inagotable cuadriculado
partes de todas partes
la miseria que pide sin mirar

pero nada se escapa de su radio
la rata sobre el riel
royendo líneas de alto voltaje
el acordeón vinoso

que revienta por no desalentar
reales cuadros irreales
corazón a la lumbre

aturdida razón que no deja partir
fuera del metro nada
todo gira puntualmente a la izquierda

tlaxcala

para Juan Bañuelos

sonámbula la virgen
en el primer camión para tlaxcala
con la mirada descorre los bosques
donde malinche conquistó a cortés

estampida en el valle de la modernidad
campanarios antenas parabólicas
barriadas de cemento a flor de piel
bajo el sol que se funde en el smog

yema incrustada en plata
no basta el tanque rojo en cada techo
su igualdad es nuestra desigualdad

la virgen se espabila
y bendice a malinche en lengua de cortés
traduce inexorable este silencio

lake austin boulevard

escoba amarga fusta en el sendero
de la leche quemada
al barracón de los números primos
resonando en la manigua del norte

del mismo modo se curte la bija
para que el mundo tenga algún matiz
se almidona la última camisa de cayama
fruncida mas de vaquero tejano

el misterioso curujey de siempre
esta vez visitado por la sed de la ardilla
entre flores con un aroma azul

sobre todo el sinsonte
que no ha aprendido nada en estos años
bajo el mismo aguacero si uno se fija bien

toledo

desfilan el hidalgo razonable
y el sutil escudero sin asombro
ante la espada del cid a veinte euros
o como el tajo sobre las dudas de los cisnes

en un palacio de otro a cal y canto
santa teresa danza con san juan de la cruz
y el resplandor de las médulas a lo divino
da vigor a la sombra desalmada

no hay viento para moler piedra para cercar
la mesera con la piel de tu madre
sirve por caridad vino de luna

y te vas con el ángel que forja las cadenas
por una calle angosta a contravía
del eco mundanal

belgravia

en las noches impares
                          como las reales sílabas
una calle termina siendo alveolo
y el corazón no se queda en su sitio

casas como magnolias
coronan la plebeyez del asfalto
y en carroza pasan duelos recientes
sus nieves delirando en portugués

en el cuarto tropiezas con la tos
su maleta escarlata
                           el aire queda cojo

sin la medialuna que arrastra la r
y a dos versos del río en los establos
el sueño se da filo como un sable

zhuozheng yuan

para Yang Lian

la gota en el estanque
al caer al reunirse

        con sus predecesoras
hace un ruido pequeño

es la única forma con sentido
sin embargo detrás de la florida seda
y las dos sillas de remos abiertos
junto al armario rojo

        canta celeste el gallo
y en la casa de enfrente amuelan un cuchillo
la forma irrepetible

        el alba como un haz
ante el estruendo de la luz que cruza
en la porcelana se inquieta el té

bangor

hay un árbol sin nombre en la ventana
un mar que no es lo mismo
y se pierde de vista en el presente
para dejar su memoria rocosa

donde se anudan los surcos de puerro
las ovejas plantadas al delirio
hay una hambrienta luz
                    que se entromete en todo

pero no pide nada en el cristal
quebrado por una tojosa errática
sin ilusión el reloj de pared

picotea los armónicos frutos
con olor a guardado
y visiones a oscuras que redimen

atuona

yo vi un árbol azul y lo pinté
también unas caderas amarillas
y un horizonte rojo cayéndose en pedazos
la realidad como leche de coco

bebida en una noche sin estrellas
son colores primarios
salvajes pero nada que temer
menos falsos que el oro

y todo lo que aguarda en el futuro
en la estación de orsay
mi tumba es de verdad laja enmohecida

entre vanidades resplandecientes
en mi estilete la oreja de van gogh
en mi alma la sífilis

tortuguero

para Rodolfo Dada

la asonancia del mar
no deja en paz a la ribera virgen
donde un alma desova
iguanas sacadas de quicio camaleones

que escalan rítmicamente el arcoíris
loras que imitan pechos
                        bruñidos en sal negra
con su yema a punto de reventar

la desazón que deja atrás la espuma
la palma ya vuelta alucinación
la sombrilla que pretende seguir a la sombra

en la resaca un cuerpo no da pie
huevo testimonial
el reguero de cáscaras de nada

newark

este cuarto con tres manos de bilis
su cucaracha agónica que trepa por los muslos
cuesta una noche y media
pero en el fondo del río las torres titilan

a la entrada las ruinas de pompeya
se inundan con sirope de maíz
a la salida el fiel tiranosaurio
se las ve duras con un hidroavión

pero en los líquidos puentes sus destinos
se acaba de estrenar para siempre la luna
cuenta además una iglesia de estuco

donde se apiñan pastores a rayas
y sus medias naranjas en pamelas
pero en el vidrio tiemplan las sombras con fe

sevilla

para Juan Bonilla

noche cuarteada por un naranjo
al peso de su luz paradojal
día de encrucijadas
pasos a la deriva en la acidez

ese sol reventado en cada esquina
manzanilla de fondo
lágrima de poeta coloquial
para hacer más espesa la infusión

mientras echan el bofe con salero
los bogantes en el guadalquivir
noche y día desnudos en un escaparate

palo de indias alcanfor cojín flordelisado
y sacudir al sueño las pelusas
ante el oro que espía en las ventanas

heptonstall

para Tony Ward

cuña de bosque inglés
               un verde residual
colinas separadas como senos
palpados a la luz que no recuerda

un cuartón triangular desarbolado
su canónica laja
donde rumia la oveja el crepúsculo
entre otras malas hierbas

silvia plath no descansa
en medio de estas ruinas protestantes
alma sin roturar

               al menos desde el muro
la firme enredadera desvaría
y el perro del pastor por poco ladra

estambul

puente que zarpa estela resonante
donde no sueltan prenda las gaviotas
té de manzana al tiempo en un tapiz
bordado a contraluz

en este vértice del infinito
la oración huele a pies
se reza por la horma de tus zapatos
la odalisca de mirada magenta

los rayos del muecín secan sus lágrimas
con el viento se encrespan las imágenes
claridad esencial de doble fondo

al demonio los gatos las bufandas
el arte de vender azafrán iraní
sinalefa de mundos al revés

caellobryth

crecida fulminante de la savia
que no inquieta a los arces
pero anega el costado de dormir
y desentierra un nuevo vendaval

el verano descuelga su nivel
fuera de sí se pone a hilar guijarros
gorjeos de alta noche
plumas sueltas de aurora desflorada

los potreros a escuadra sus fogajes
sus marismas en rosa
donde palpitan las conchas como x

esa algodonada incomodidad
esta calma política
el silencio que empieza a enronquecer

estrecho de bering

la noche con ventanas de reojo
al menor descuido puedes soñar
pronto serás sorbido por tu café
domado por tu perro callejero

eres la involución anota darwin
en un caparazón ajedrezado
en sentido contrario del sol cruzas
entre dos pesadillas paralelas

el vuelo sin escalas te conduce
donde la tigresa en celo que caza
en esta dilatación papel rugoso

rechina el ideograma con la estela
siendo solo tú no llegarás lejos
mientras nada te sueñe estás a salvo

trefan morys

un establo donde invernan los libros
pastores descarriados
y la aguatinta que a la luz se encrespa
un barco en miniatura

telarañas para su calma chicha
y el destino entre vigas resinosas
un perfil de venecia
encallada en los bajos de la noche

como el ciempiés que vuelve por sus huellas
un zorro embalsamado
con el faisán aleteando en las fauces

una ternura forjada a martillo
el ansia pendular
                    la castrada tristeza

calle atravesada

el travesti cobrizo sin penacho
pero con rama de naranjo en flor
dirige la comparsa de tullidos
la niña trasiega semillas de marañón

en bolsitas de plástico anudadas
igual que endecasílabos
el taxista con la luna en eclipse
los fanales caídos al pie de su mujer

llega por fin a las tres esquinas
y la nudista en lágrimas
recoge los dígitos de la hierba

que matarían de sed a los zanates
todo se arremolina para siempre
en el espacio inverso

soria

la luz baja de súbito la voz
en el cielo baldío la cigüeña
poda del viejo olmo
unas leves palabras retoñadas

pero la niña baila un son montuno
sobre la vieja tumba de otra niña
y nadie contradice sus gladiolos
en las bancas en y

el extranjero se corta las uñas
mientras merma la tos del jubilado
y se desborda el pilar de la fuente

con el orine de los tres querubes
aprovecha la sombra
y se pone a gritar todo en minúsculas

dublín

un celta tropical
renuente a estabular a que lo hierren
en los nervios guisaso de caballo
¿se da un raspón con el mismo adoquín

que vio correr a joyce en los albores?
no hay sitio en esta turba
las camadas no dejan de balar
como en un florilegio del país

se reparte la sed la incontinencia
un vate trasquilado a media máquina
por contrariar algún pequeño dios

el ánima tiznada con alcuza
¿por qué hace resonar la misma niebla
con que joyce daba filo a su navaja?

monasterio de san naum

para Mite Stefoski

en el centro del lago el sol se entierra
el monje no lo cree
¿porque se ilumina con la escritura
reflejada en los parapetos de ámbar?

¿quién podría exhumar ese paisaje?
no se comparte el rayo bizantino
la experiencia de dios
canta el guardafrontera en sus hinojos

a la luz de la caza del zancudo
¿el paisaje que los muertos no olvidan?
fuente inmaculada del río negro

nostalgia con rebelde olor a monje
y fósiles en que ya nadie fía
¿el amor junta los restos del sol?

tŷ newydd

para Sally Baker

frente al mar de los celtas
hace una pantomima el viejo árbol
para nuestras tres sombras
el azul gana filo se enrojece

la lana en los cuartones
y cada pelo se pone a balar
en este pedregal crecían estandartes
omóplatos voluntades al viento

que una raíz recuerda de un tirón
noche arremolinada
desde el fondo salobre de la historia

pero amanece en limpio
con una paz caliza
ni la nada puede con este árbol

leeds

en punto llegarás aunque no avanzas
es otro el tren que parte
ilusión del silencio
la vertiginosa inmovilidad

entre techos de dickens las aljamas
pregonan el desierto en una tierra
donde no deja nunca de llover
el ser cuadriculado una sextina

que cruje en letras mudas
canales con sus aguas resignadas
confluencias de rieles sindicales

el vacío su cerco en todo sitio
solo espera el escándalo magenta
una raíz en la mampostería

el paso

rubia como tormenta
en reposo sin escanciar asomas
tu cabeza de pájaro en la duna
desciendes con mal pulso

te escoras en la ruta al corazón
y hasta el vacío se pone a vibrar
este bolero errático sin claves
se empoza en tu regazo

bordado por un río vuelto fibra
que cesa de tejer la ajena rabia
y el desierto se arroja sobre ti

lunar y entrecruzado
con todas las sílabas humeantes
el sediento tequila huele a lluvia

anglesey

para Alan Holmes

a tu pesar no ser en este cuadro
la oveja trasquilada
que se estremece al sol
el panel de cristales asimétricos

donde una abeja lucha
reconoce la cera de otros años
los caminos de un mar a la deriva
que los granjeros cierran en el alba

con claveles de azufre
la belleza imantada escarabajo
con celeste boñiga que se orea

la fiebre y el rocío
enmarañados en este alambrón
y sus catorce púas enconadas

lagos ii

una casa fogosa como ruana
costurero de zinc que nadie cierra
la calle peatonal con sus cadáveres
que solo hablan de fútbol

el amor por el piso arrinconado
las últimas camisas colgando en la pared
el viejo y su revólver
la inocencia bullendo en la tinaja

después del baño atónito
la sopa de tendones con arepa
el chocolate sin ninguna gracia

pero tostado al trino de la alondra
una vida que no van a zurcir
esos ojos donde ensartas la aguja

vilnius

en la sala de espera
del aeropuerto con olor a nada
sin salida y también
sin desesperación de buena fe

como jutía en un pinar del báltico
royendo su corazón de manzana
se descarta el vacío
vuelta a ningún lugar partida en falso

como polymita que persevera
en su collar de ámbar a dos por uno
se descarta el acaso el optimismo

tersa ilusión de estar
y saber a la mala lo que esperas
pues la esperanza siempre llega tarde

estocolmo

con un sol bajo cero
se despabila radical la piel
comezón en el ánima
tirada por el viento desbocado

llegas por la tangente
ese punto de vista que da al mar
la voluntad gotea
su nevisca insolente irrealizada

el deseo se va por el tragante
que gira a la derecha
en la dialéctica de la jofaina

la verdad se desnuda de milagro
te encabritas y entonces
a relinchar como palafrenero

cardigan bay

el paisaje que escruta el guerrero galés
plantado en el dintel de la escabrosa
entrada al paraíso
no le quita el ojo a la dorada cicatriz

repasa su intención original
hoy no habrá desembarco
a lo sumo un cuarteto de olas para cuerdas
pero el alma se atreve en estos riscos

con el dragón que pasta campanillas
opacidad espuma sublevada
el guerrero versa el mundo al revés

enseña de castillo abandonado
lejos de la memoria su reflujo
un país que guardar solo del viento

klushino

ya nadie quiere ser yuri gagarin
como en su día tú amoratado
con un caldero roto en la cabeza
hoy no es 12 de abril

sube la radiación en fukushima
la casita cercada con maderos
cruje en su olvido cósmico
como la barbacoa de cayama

sin embargo tamara desafía los astros
el vacío que copia su silueta
y silba una balada contra la gravedad

lástima que hoy sea 27 de marzo
se pierda la mitad de la capa de ozono
y estalle la guerra del chocolate

managua

es el alba y nada guarda silencio
sobre el techo de zinc la vieja mona
está que trina de hambre
y hace ondular con gracia la cadena

que la mantiene airosa
entre dos impecables cocoteros
pájaros embarrados de todos los colores
no la dejan en paz

la mona pela un plátano al carbón
que le sirve la belleza preñada
es el trópico infiel nadie se atreva

sopla un viento sin puntos cardinales
el café sabe a noche desleída
se termina de bruces en el cielo

galveston

los barbudos no pudieron remendar sus naves
los indios se sentaron con ellos y lloraron
en esta nueva luna no había oro
solo limaduras de corazón

otra historia que se trenza la cola
otro sueño como rueca atascada
testimonian la lanza y el violín
y una sonaja con su lengua bífida

hierro para marcar cien búfalos por hora
minúsculo cañón nunca devuelto
los barbudos son descabalgados por los indios

pero al cabo se quedan con la playa
rechina la nostalgia sin futuro
el sitio que serás si no te apuras

el dorado

en esos páramos donde la nube
se cuartea con los nervios al aire
la quimera se esmalta como liquen
se disputa la esquina de gamín

la plumilla de arcángel bandolero
en esas espesuras de la imaginación
se da el salto de lágrimas
las formas migratorias se llenan con imágenes

que se muerden la lengua
y no se tiene en cuenta la estela de dragón
la estrella en el mortero

el almiquí devorando tres uvas
ese sueño que esquiva las aduanas
donde ladran los peros

morgan guest house

la camarera entiende como nadie
la humana condición
solitaria se atreve a poner orden
en el cuarto del otro

no le importa cuál sea su pronombre
con quién ande o desande
disciplina gentilmente las sábanas
que el sueño sublevó

de la memoria del espejo borra
todo desvarío naturalista
y deja que se roben la pluma el costurero

la biblia protestante
su único reclamo es este cisne
hecho con una toalla

camino de fuzhou

desmontas del celaje encabritado
y su prisma de sal
atas el sueño filtrado del sol
como un rayo de seda

no vas a consagrarte en este altar
errata de calígrafo
quemarte como incienso en esa u
ante el octavo viento

no harás tu cuerpo jade
flor de loto tu alma pasajera
la primera mañana de shanghái

esos gatos simétricos dan a nadie
un adiós izquierdista
en la plaza del pueblo sigues solo

criccieth

la belleza puede costar la vida
el eterno retorno el otro exilio
todo por un fugaz café con ascuas
bajo ese viento de súbito arcano

que sacude la copa de los nervios
y deja el corazón como alcachofa
pateada sin piedad por las niñas
empuñas el arpa del aguacero

entregado a las cuerdas como nudo
un durmiente con sueños de marino
once rayos de sol sin afinar

entonces el vacío avena tus ventrículos
cesa el asma lunar su borra de café
y se orea la elipsis en techos de pizarra

cerro de san pedro

para Jorge Humberto Chávez

entre espinos veloces
y tejados que empolvó el temporal
el sol está que trina
a punto de dejar los cerros al revés

la fe con rajaduras
y la razón metálica germina
en el ojo cegado de la veta
lágrima mercurial

como única sobra de la codicia
donde los fuelles se desasosiegan
su amarillo filoso

draga sin aliento la sombra fina
mas de un redil aflora
el dorado nopal cuajado en tunas

kentucky

bajo la luna y media de kentucky
surge la gente azul como venados
locos por esa lluvia horizontal
que corta de un tajo la vía láctea

en la posada para camioneros
el ánimo se engrasa como un eje
huevos estrellados pan de maíz
enseguida la mañana se orea

en las rastras de mástil niquelado
pasan caballos por los que el sol no apostaría
atracadores con angustia blanca

un camión de mudanza sigue el rumbo
no todo lo que cargas va contigo
el destino se queda en el pasado

córdoba

entre el castillo moro
                          y la central atómica
las ovejas rumian tu desazón
pueblos enjalbegados se alinean

sobre ceniza que no olvida el fuego
la neblina redonda
                          su olor anaranjado
noche abierta en canal por la razón

eco de charca seca
salida sin túnel en el reflejo
tu sentido solo aceptado por el rocío

la hojarasca con reverso de plata
su aridez sudorosa
el veloz soneto pasa de largo

novi sad

y la belleza tira la puerta del soneto
pone la falsa alarma
roe su manzana de corazón
entre lágrimas negras

derramadas por el acordeonista
entonces agita las letras un viento rojo
de ronda en el castillo
con un reloj para cobrar el tiempo

no se rinde el danubio y casi entierra
un puente demolido como cortina de humo
para un sainete en la oficina oval

la belleza retorna cuando menos lo esperas
está abordo y se cruza a la otra orilla
de las aguas surcadas por la muerte

aberystwyth

una torre sitiada por asfódelos
y tres dragones que vuelan en círculo
las dos mitades del guerrero observan
la sutil variación

el viento al fin carga visceralmente
aunque el mar intimista se retracte
la luna se desdoble
en la cara invisible de la tierra

se cede la atalaya el tragaluz
mas los dragones siguen siendo verdes
y el guerrero daltónico da un no

con el único cuerno del estar
la melancolía se cubre de hongos
mella la inspiración de las espadas

islas feroe

no necesita el mar del astrolabio
el tajo en serpentina
                         la creciente de sangre
para fijar el norte su fiereza

no solo el arrecife blanqueado por gaviotas
ni los nuevos pilotos de la muerte
sus ganchos de cordura
                         sus análogas cuerdas

hasta la niña abordo del abuelo
y la madre escorada en sus bolsillos
se lavarán diestramente las manos

¿rito de paso al fondo
moral con percebes que sale a flote?
¿gloria del pescador o del delfín?

granada

haces un sitio entre libros en blanco
te acunas en la hamaca sideral
pero amanece a tiempo surrealista
las campanas repican sin clemencia

frente a la casa de los tres leones
café negro cuajada gallo pinto
y escolares que dejan sus ojos en la tabla
a punto de virarse a la derecha

las palomas disputan entrañas de caballo
y la escoba con cintura de avispa
ensucia cuando barre a contraluz

los tejados se erizan con el viento
las columnas por lo menos no olvidan
que la tierra se puede incomodar

plaza de santa cruz

en la perla asturiana
el sueño acaba como espejo cóncavo
alguien cita a martí con voz aguardentosa
reclama el aguinaldo del exilio

luego se desayuna con desvelo
queso de extremadura en pan de piedra
ribera del duero en vasito plástico
que tiembla incluso sobre la caoba

por aquí miah cazaba zureos
sorteando bandurrias pesadillas
y le ladraba al perro del mendigo

de vuelta a la manzana irregular
el alba honra la piel las representaciones
con frescura política

birmingham

para Jonathan Davidson

la piedra que no ajusta
en la tumba sedienta del patriarca
el arco de ladrillo
hazaña del ejército de desempleados

la borracha que atentamente mira
cómo rueda su cabeza en el polvo
el pichón que disputa receloso
los despojos del hambre

la fábrica convertida en hotel
el desvelo en polímeros
y el espasmo en una aplicación de apple

fin de revolución neoclasicismo
cielo que pestañea
el hollín se organiza y deja ver

afon dwyfor

para Zoë Skoulding

el torrente se expresa en la mirada
de la niña que escribe en la corteza
la orilla transparente
de un cielo que tuvo mejores años

le permite un instante no ser hada
el collar de su madre serpentea
no es jade todavía
                    sino piedra de fondo

la pasión de su padre
es ala de cuervo bajo nieve desconcierto
y no se asusta el iris

de la niña que lee los árboles al fin
de esto no sabe el mar
y menos el caballo desbocado

unter den linden

para Jan Wagner

aún se hace sentir el río metafísico
con las aguas bruñidas
por un sol en esencia negligente
todo sedimentario sin dudar

leyendas y canales
cumplen las algebraicas instrucciones
el ser es un sótano anegado que drenar
el socialismo una atracción turística

siembra vientos cosecha medialunas
posible ser impar en esta vida de otro
poner azúcar prieta en el café

y derramar la culpa en sábanas raídas
solo la poesía reconoce
que en cada gota anida una creciente

colonia roma

para Marco Antonio Campos

a las puertas del metro bellas artes
el poeta sacude la alcancía
desfilan los mendigos en corbata
y ninguno se atreve

porque dientes adentro se asegura
que es solo tintineo
resabio del futuro neobarroco
imagen inconsciente que se afirma

no se puede vivir con este ritmo
solo a sal y limón agave reposado
en urna funeraria

el instante de amor en un paso de hotel
se recomienda el cambio de estación
ser ciego en propiedad y al menor ruido

miami

para P. Scott Cunningham

soneto de espionaje con avispas
y un aura tropical
muchachas salidas de un baño en oro
muchachos de bíceps inteligentes

y palmas reales que se vuelven locas
frente a edificios de pastelería
¿dónde vas a parquear el convertible
con ese festival de poesía en el betsy?

a la hora del crimen de cifrar el mensaje
tres cervezas cenizas y un mojito peleón
la gota de amargura en la corona

corre a cargo del exilio cubano
el sujeto poético
trabaja siempre para una potencia extranjera

la mancha

los olivos al pie con asteriscos
como caprichos de la geometría
los paneles lunares
que retan a caballeros sin causa

llanura despojada bocabajo
fábrica de buen juicio pero a oscuras
neblina que se estanca
contra el hambre en rollo para vacunos

la sierra transgredida
con los afluentes del solipsismo
largos trenes que esperan una señal de dios

baja velocidad el viento en fuga
sin lavarse las manos
a las puertas de otra carnicería

cambridge

entre grito pelado y manierismo
a veces la pasión saca sus cuentas
los árboles a raya quién diría
las ovejas en órbita pastando su granito

monarquía del número
contra la diagonal reverdecida
altos hornos con nimbo
catedrales a plomo sobre el pánico

otras veces la razón esquilada
desempaca su nostalgia de fieltro
y el alma de estornino

revuela huracanada como sombra
nueva desilusión
el cielo es realidad por la lombriz

malmö

para Ángela García

pero esta vez la lluvia
es más que cópula molecular
en techos colorados de vergüenza
cae con una gracia y un ardor

que ni la noche podría imitar
y su silencio filtra lo indecible
sin la dulzura abstracta del arándano
una lluvia que se piensa azabache

y se incrusta en las paredes del vacío
el manantial de la respiración
la sed de encabalgarse como línea

y el lácteo café de pronto helado
con su relumbre torrencial te pierdes
la opacidad puede cobrar sentido

casa de dyddgu

para Twm Morrys

en el corral también brama el soneto
que trepa como vaho al techo de pizarra
para enredarse con la torre en blanco
y la veleta que indica al viento su destino

¿la leche se coagula con la rima?
¿las sílabas se pasman con la fiebre del heno?
¿primaveral angustia?
                ¿belleza fermentada?

las vacas cabecean al trovar
entre piedras floridas hacia adentro
que solo se sostienen por costumbre

el poeta galés en ese instante
dice algo que lo deja sin imaginación
y nunca va a dar su lengua a torcer

isola di san michele

para Marco Nereo Rotelli

ante la penumbra alta te revelas
y en los canales la angustia se estanca
no se cruza solo bajo los puentes
que van como el siroco a todas partes

pero cómo tener el metal de olga
su violín borrascoso en una mano
y en la otra el cedro imantado de ezra
su teclear transparente como signo

te afirmas cuando remas con la imagen
más allá del final de esta comedia
a la isla que está al norte de nada

aliento pendular como memoria
góndola de ceniza desde el fondo
donde lo nunca dicho vuelve a arder

pista de la resistencia

en un viento pragmático
vuelve a ti la ciudad que se desvive
al pie del lago donde nació tu hijo
para ser de otra lengua

la nueva catedral los adoquines viejos
han perdido al unísono la fe
y la historia borró meticulosa
las letras en la cima roja y negra

¿o fueron manos? ¿la pobreza volcánica?
¿la ternura en el pico del chocoyo?
mas la luz avasalla no deja respirar

se ve que no se rinde ni un carajo
todo se raja en estos días menos
la proletaria luz

manchester

para Grevel Lindop

la fábula se ovilla en el soneto
no porque abrigue la duda del héroe
el conflicto con siete capas de hilo
la leyenda entre líneas eléctricas

el triángulo amoroso
esa menor distancia entre dos puntos
la sombra y su lector
los ladrillos ya no tienen razón

en las usinas se forja el vacío
se almacena la culpa fermentada
la modernidad también envejece

con la dignidad de la poesía
esa bola de estambre para gatos
que teje los rincones

sremski karlovci

para Jovan Zivlak

no habrá cielo mañana en voivodina
te acaba de caer en la cabeza
el soldado ortodoxo que echa un ojo
solo en dos dimensiones

besa al beato de la frente grávida
luego clava su velita en la arena
ese cielo de todos
                    los que no tienen nada

la fe del universo que se encoge
el espacio intranquilo recordado
sin tiempo como tú

en el altar barroco
se extraña la tercera dimensión
pero del polvo se levanta el cielo

llanystumdwy

la balada y su círculo más íntimo
en el rayo de sol que se bifurca
fragor aliterado
rima interna como conversación

la silla de eisteddfod
en un mar de ovejas efervescente
marchita flor salvaje
se debe cosechar en la ribera

y madurarla en copa de aguamiel
se escampa bajo guijarros rebeldes
arrancados al mismo temporal

nada de por medio solo paciencia
irse nunca de aquí
la montaña bajo el pisapapeles

coyoacán

las certezas del órgano
son discutibles para la calandria
al alba manifiesta
su desconcierto ante la ubicuidad

también ese ladrido desarraiga la luz
roca que se alebresta
                                    volcánico cristal
donde se quiebra más de una visión

y la vida es una mazorca azul
un pan que se chamusca fervoroso
en la boca del metro

se apea de las nubes
con mucha sed de agua de jamaica
carraspea el silencio para hacerse notar

porthmadog

ante un cielo a punto de cuartearse
brilla la indiferencia de la urraca
como flor de henequén
se perfila eléctrica en el recuerdo

es la aldea de un nuevo descubridor de américa
cada ladrido carga
su turista enlazado por la nuez
vajilla que da fruto lana impúber

todos la pasan bien con ese sol
que abrillanta la angustia
disfrazados por fin de lo que son

te estás meando y sin un heliotropo
¿por qué te irías tan lejos de nada?
¿te olfatean los perros porque escribes?

palmer house

te contempla la luz abandonada
como la nieve al cuervo
es el cuarto de hotel que se repite
para que un día no te reconozcas

con la cama revuelta puesta en orden
por el amor del prójimo
y la bañera donde te desmarcas
de media pesadilla futurista

no por azar te esperan otros ángeles
van en cuero y se quejan en tu lengua
de que la nieve no refleje al cuervo

como prueba la cabeza con alas
la sombra que vuela en línea recta
el eterno retorno a todas partes

numancia

la tropa de escipión el africano
encaneció bajo este mismo viento
pero al final saltaron los contrarios en nudo
de la cama de arcilla entre las bestias

a la cama de madera y tejido
y el arrojo se dio puertas adentro
ya en las ruinas celtíberas no crecen
espadas con antena puñales de herradura

y miah puede robar una piedra
desprendida sin un deber social
ni siquiera linaje de molino

solo astilla de miedo aglutinado
forma libre de sí por un instante
nueva razón no canto de muralla

the george hotel

en la madera irreal recién talada
la muesca de silencio
con la llave que te asigna el enano
fuerzas la cerradura de otro mundo

en la pared accidentes geográficos
mares erizados de consonantes
donde huyen escualos de su sombra
un eco con cien pies

te da una mano por las escaleras
solo faltan las vacas que inquietan la noche
porque rumian avisos

retoños de la guía telefónica
la muerte tiene sus cosas apunta el enano
radiación del ahora y del aquí

tongli

con la mirada de quien ya no huele
en un triciclo añil
sorteando destinos al borde del canal
colecciona todo lo innecesario

es agria la que corre
ondulante con su cubo amarillo
es dulce la que no puede correr
con su bolsa repleta de quién sabe

¿desazones de loto
lombrices que miden manchas de sol
argumentos de té?

toda la belleza en manos de ese hombre
sucio como la muerte que ya lo perdonó
o como el perdón mismo

catedral de lund

para Lasse Söderberg

dios no está en todas partes
ni lee lo que escribe
se queda en los rincones sin nombrar
como una telaraña

olvidado de sí
dando simétricamente el ejemplo
a veces se le enreda un moscardón
u otro cuerpo terrestre

que tiene la osadía de volar
entonces muere solo como un número
en el envés del mundo

y es muerte sin provecho
alma celeste en reorganización
dios no toleraría las arañas

Víctor Rodríguez Núñez

(La Habana, Cuba, 1955) es poeta, crítico, traductor, periodista y catedrático. Ha publicado dieciocho libros de poesía, casi todos premiados y reeditados, siendo los más recientes *despegue* (Premio Fundación Loewe, 2016), *el cuaderno de la rata almizclera* (2017), *enseguida [o la gota de sangre en el nivel]* (2018), *la luna según masao vicente* (2021) y *errática* (2023). Han aparecido libros o antologías de su obra en doce países de lengua española (en Honduras, *confirmaciones*, Editorial Efímera 2024) y en traducción al alemán, árabe, bengalí, chino, coreano, francés, hebreo, inglés, italiano, macedonio, neerlandés, rumano, serbio, sueco, turco y vietnamita. Durante la década de 1980 fue redactor y jefe de redacción de la influyente revista cultural cubana *El Caimán Barbudo*. Una selección de sus entrevistas con poetas hispanos se encuentra en *La poesía sirve para todo* (2008 y 2023). Compiló tres antologías que definieron a su generación, así como *La poesía del siglo XX en Cuba* (2011). Con Katherine M. Hedeen, ha traducido poesía tanto del inglés al español (C.D. Wright, John Kinsella) como del español al inglés (Juan Gelman, Antonio Gamoneda). Doctor en Literaturas Hispánicas por la Universidad de Texas en Austin, es Profesor Emérito de esa especialidad en Kenyon College, Estados Unidos.

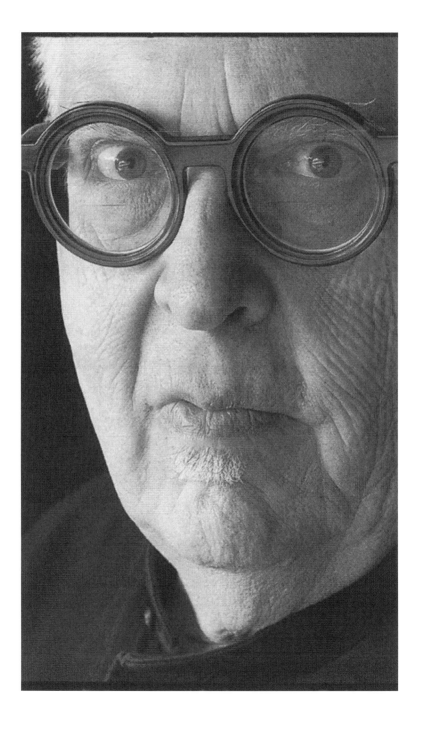

ÍNDICE